MARAT

ET SON EDITEUR

CONSTANT HILBEY

DEVANT LA COUR D'ASSISES.

Paris. — Typographie d'A. RENE et Cie, rue de Seine, 32.

MARAT

ET SON ÉDITEUR

CONSTANT HILBEY

DEVANT LA COUR D'ASSISES.

RELATION DU PROCÈS ACCOMPAGNÉE DE NOTES, ET SUIVIE DE NOUVEAUX EXTRAITS DE

L'AMI DU PEUPLE.

J'ai été confondu, je l'avoue, en voyant le ministère public s'efforcer d'établir que j'ai appliqué de pareilles choses aux hommes de nos jours, et que ce que disait Marat en 1789 peut être vrai aujourd'hui.

Défense de C. HILBEY.

PRIX : 50 centimes.

PARIS

CHEZ TOUS LES LIBRAIRES.

AVRIL 1847.

Je me disposais à écrire une préface pour placer en tête de ce procès, lorsque j'ai reçu la lettre suivante, qui m'a semblé pouvoir en tenir lieu. Cette lettre, à mes yeux, n'a qu'un tort, c'est de me donner des éloges auxquels je n'ai pas droit. Mais on saura distinguer de quelques louanges dictées par un sentiment généreux, les vérités qui forment le fond de la lettre. Au reste, je n'ai pas besoin de m'excuser de ces éloges, mes adversaires sont là pour en rabattre tout ce qu'il faut.

Constant HILBEY.

A MONSIEUR CONSTANT HILBEY,

A FONTENAY-AUX-ROSES.

Mon cher monsieur Hilbey,

Ne pouvant vous visiter dans votre retraite, j'ai voulu vous adresser par écrit mes compliments de condoléance pour votre condamnation, et mes félicitations pour la vaillance et la courtoisie que vous avez déployées dans la lutte.

Laissez-moi vous dire combien j'ai admiré vos bons coups de lance si dextrement portés, et combien j'ai applaudi à cette *goguenarderie* villageoise qui trouble si fort MM. les juges qu'ils ne savent jamais si vous êtes naïf comme un poëte ou rusé comme un plaideur bas-normand.

Mais ce que j'ai aimé surtout en cette affaire, c'est votre extrême réserve, votre imperturbable modération, et le ton toujours convenable, toujours digne, avec lequel vous avez parlé au tribunal. Vous avez ainsi prouvé la justice de votre cause (car l'accusé ne s'emporte pas lorsqu'il a pour lui la conscience de ses juges), et vous avez fait ressortir la différence qu'il y a entre un honnête homme qui se défend lui-même, sans transiger avec ses convictions, et un avocat toujours prêt à déshonorer son client pour lui sauver sa peau.

Et à ce propos je ne puis m'empêcher de vous dire combien j'ai été étonné de l'insistance que M. le président a mise à vous conseiller un défenseur. Certes, je ne doute pas que ce ne fût dans votre intérêt; mais regretter que vous n'eussiez pas de défenseur par la raison qu'un avocat eût été plus modéré que vous !... Où diable M. le président a-t-il vu que les avocats de nos jours aient tant de modération dans le langage? N'est-il pas, au contraire, de notoriété publique que plusieurs d'entre eux (et ce ne sont pas les moins recherchés) ne vivent que des outrages qu'ils débitent? N'a-t-on pas vu, dans maintes circonstances, le temple de la justice devenir par leurs soins une école de scandale où les secrets des familles, la pudeur des femmes, l'honneur des époux et des pères, étaient livrés en pâture à la curiosité d'une foule avide d'émotions et friande des orgies de la parole? La modération des avocats! Mais la modération est partout aujourd'hui, excepté chez ces messieurs. Le *langage parlementaire* est devenu, de par le code de la presse, le seul langage qui se puisse imprimer. Il n'est plus permis d'appeler un chat un chat et Rollet un fripon, comme on le faisait sous l'ancien régime. La loi sur la diffamation défend à un honnête homme de raconter qu'il a acheté à un journaliste, moyennant quelques pièces d'argenterie, la marchandise que celui-ci débite à boutique ouverte; tandis que l'avocat, à l'abri de sa robe et de son bonnet carré, peut impunément insulter, diffamer, calomnier tant qu'il lui plaît et qui il lui plaît. Or, on sait si la plupart profitent de la permission. Ce sont là jeux de prince, auxquels les badauds applaudissent toujours, et malheureusement les cours ont grande provision d'indulgences pour toutes ces gentillesses.

Après la leçon de modération que vous avez donnée au barreau et au tribunal, une chose non moins remarquable, c'est que vous ayez pris contre le ministère public et contre le président la défense de l'ordre de choses actuel. Il faut que les protecteurs légaux de notre société soient des hommes de bien peu de foi pour soutenir que les abus signalés par Marat en 1789 existent encore de nos jours. Eh quoi ! une révolution s'est faite qui a bouleversé le monde. Les ministres corrupteurs, les députés corrompus, les plats valets de la cour, les déprédateurs de la fortune publique, ont été balayés par le souffle de la vengeance populaire ; une génération nouvelle a fondé sur les ruines du passé un édifice nouveau ; la France s'est régénérée sous un gouvernement choisi par elle ; et l'on voudrait trouver encore sur son généreux sol ces herbes malfaisantes si soigneusement arrachées par nos pères. Allons donc ! cela ne se peut. Il faut avoir sur ses yeux le bandeau de Thémis pour ne pas voir que nous n'avons plus rien à craindre de ce qu'on craignait en ce temps-là.

Pour moi, mon cher monsieur, il me semble, comme à vous, que tout va pour le mieux dans le meilleur des mondes possibles. Je vois partout autour de nous le progrès s'accomplir et l'âge d'or se réaliser. Les abus d'autrefois ont fécondé la terre, et nous avons aujourd'hui cette luxuriante moisson que vous savez ; les loups se sont faits agneaux ; et les pasteurs, qui jadis tondaient leurs brebis, donneraient leur sang pour elles. Aussi, voyez : grâce au dévouement de nos modernes *traitants*, le sol de notre pays se couvre de voies de fer ; grâce à la prévoyance de nos ministres, nos fleuves débordés fécondent nos campagnes ; grâce au désintéressement de nos députés, le budget de l'Etat acquiert des proportions colossales (et le budget est, comme on sait, le thermomètre de la fortune publique) ; grâce à la philanthropie de nos administrateurs, les impôts sont acquittés par les travailleurs et consommés par les oisifs ; grâce à nos accapareurs bienfaisants, les greniers publics se sont remplis de grain dans les temps d'abondance, pour se vider au plus bas prix possible dans les moments de disette ; grâce enfin à la science de nos prétendus sophistes, le peuple, après avoir appris à se passer de gloire, d'air et de soleil, apprend tous les jours à se passer de pain.

A quoi bon alors rappeler les vaines déclamations d'un journaliste mort depuis un demi-siècle pour les appliquer aux circonstances présentes? Vous ne pouvez avoir eu d'autre but que de faire de l'histoire, comme vous l'avez si victorieusement établi aux débats. Vous avez voulu prouver que Marat voyait sainement les choses de son temps, que son patriotisme était des plus purs et des plus ardents, et que sa mémoire a été beaucoup trop calomniée. C'est un thème que l'on peut très-bien soutenir sans se faire accuser de vouloir troubler l'ordre public. Depuis quand est-il défendu de débattre des questions historiques? Puisque la loi sur la diffamation, qui protége si sévèrement l'honneur et quelquefois l'infamie des vivants, ne protége pas les morts, laissez au moins les historiens défendre ou venger leur mémoire.

Sans penser comme vous sur le compte de l'*ami du peuple*, permettez-moi, monsieur, de vous féliciter du courage dont vous faites preuve en consacrant vos efforts à une réhabilitation aussi difficile. Il faut une passion bien ardente du bien et du juste, un amour bien sincère de la vérité pour faire entreprendre une pareille tâche. Vous n'ignorez pas que vous vous exposez à être honni, calomnié, et à voir vos intentions méconnues. Vous n'ignorez pas que le héros et son panégyriste seront confondus dans une commune réprobation. Vous n'aurez pour vous que les hommes de cœur : c'est vous dire que vous n'aurez pas le plus grand nombre; mais vous savez qu'on ne persuade qu'en souffrant pour ses opinions. Rappelez-vous ce que disait saint Paul : « Croyez-moi, car je suis souvent en prison. » Permettez-moi aussi de vous citer quelques paroles de ***Paul-Louis Courier***, cet autre généreux initiateur, paroles qui paraissent avoir été faites pour vous, et qui sont, je n'en doute pas, la traduction exacte de ce que vous pensez vous-même. « Laissez dire; laissez-vous blâmer, condamner, emprisonner; laissez-vous pendre; mais publiez votre pensée. Ce n'est pas un droit; c'est un devoir, étroite obligation de quiconque a une pensée de la produire et mettre au jour pour le bien commun. La vérité est toute à tous. Ce que vous connaissez utile, bon à savoir pour un chacun, vous ne le pouvez taire en conscience. Jenner, qui trouva la vaccine, eût été un franc scélérat d'en garder une heure le secret; et comme il n'y a point d'homme qui ne croie ses idées utiles, il n'y en a point qui ne soit tenu de les communiquer et répandre par tous les moyens à lui possibles. Parler est bien, écrire est mieux, imprimer est excellente chose. Une pensée déduite en termes courts et clairs, avec preuves, documents, exemples, quand on l'imprime, c'est un pamphlet et la meilleure action, courageuse souvent, qu'homme puisse faire au monde. Car si votre pensée est bonne, on en profite; mauvaise, on la corrige, et l'on en profite encore. Mais l'abus..... Sottise que ce mot; ceux qui l'ont inventé, ce sont eux vraiment qui abusent de la presse, en imprimant ce qu'ils veulent, trompant, calomniant et empêchant de répondre. »

Vous n'avez pas besoin de ces conseils du maître (1) pour vous encourager dans votre mission d'écrivain. Dois-je plutôt vous exhorter à la prudence et à la modération? Mais vous venez de prouver que vous êtes plus modéré qu'un avocat et plus conservateur qu'un procureur du roi. Donc je n'ai aucun conseil à vous donner, si ce n'est de vous garder des hommes noirs, de la rue de Jérusalem et du mal de dents.

Sur ce, mon cher monsieur Hilbey, je vous prie d'agréer l'assurance de mon estime et de ma considération toute particulière.

Ch. Fauvety.

Paris, ce 13 janvier 1847.

---

(1) Ce passage est sans doute fort bien. Malheureusement *Paul-Louis* a montré qu'il ne savait pas toujours juger les hommes. Tenez! il n'est peut-être qu'un écrivain qui ne se soit jamais trompé dans son jugement sur les hommes et sur les choses, c'est *Marat*, et celui-là est le véritable *maître!*

COUR D'ASSISES DE LA SEINE,

PRÉSIDENCE DE M. FEREY,

AUDIENCE DU 9 JANVIER 1847.

Deux accusés comparaissent devant la Cour d'assises, sous l'inculpation d'avoir, contrairement à la loi, placardé dans des rues, places et lieux publics, des affiches traitant de matières politiques.

Aux questions d'usage, les prévenus répondent qu'ils se nomment, le premier Constant Hilbey, ouvrier tailleur, demeurant à Paris, rue

Bertin-Poirée, n° 8; le second, Jean Feriaud, afficheur, âgé de 41 ans, demeurant rue de la Harpe, n° 19.

Le greffier donne ensuite lecture de l'arrêt de renvoi, duquel résultent les faits suivants :

Le 28 octobre dernier, le commissaire de police du quartier Feydeau a constaté qu'on avait récemment affiché sur les murs de la Bibliothèque royale, dans la rue de Richelieu, un écrit imprimé, conçu en ces termes:

En vente chez tous les libraires :

DISCOURS DE MARAT AU PEUPLE,

Extrait de *l'Ami du peuple,* du 18 septembre 1789.

Publié par CONSTANT HILBEY (ouvrier).

Sommaire :

Marat reproche au peuple son imprévoyance et son aveuglement. — Il se plaint de voir la disette au sein de l'abondance. — Il ne veut pas que les députés se fassent empâter par la cour. — Il prédit une longue suite de guerres civiles. — Il s'élève contre les sophistes et les corrompus. — Il veut purger le Sénat national. — Il se plaint de ce qu'on soudoie aux frais du peuple des académiciens ignares, des ministres ineptes et des espions. — Il s'indigne de voir 20 millions d'hommes se réduire à la mendicité pour conserver la fortune de leurs déprédateurs.

Brochure in-8. Prix : 25 centimes.

NOUVEAU PROCÈS DES QUATRE COUVERTS ET DES SIX PETITES CUILLERS D'ARGENT,

Jugé par le tribunal de première instance, cinquième chambre.

— Hilbey contre Pravaz, caissier du journal la Presse; *demande en restitution. — Pravaz contre Granier de Cassagnac : demande en garantie. — Brochure in-8°. Prix :* 30 *centimes. Prochainement : Le patriotisme de* LA RÉFORME.

Le 1er novembre suivant, le commissaire de police du quartier de la porte Saint-Martin a également constaté qu'un exemplaire du même écrit se trouvait placardé sur une colonne-affiche du boulevard Saint-Martin, en face du Château d'Eau.

Le même jour, 1er novembre, Feriaud, afficheur, a été vu (1) au moment où il venait de placarder un exemplaire du même écrit sur un mur de la rue de la Barillerie. Près de Feriaud se tenait Hilbey, qui lui avait remis quinze exemplai -

---

(1) Nous fûmes si bien *vus,* que nous fûmes arrêtés. Au moment où Feriaud placardait la première affiche (il en avait déjà placardé cinquante quelques jours auparavant), une nuée d'agents de police, en habits bourgeois, se détacha tout à coup du public et nous enveloppa ; alors un officier de paix me montra son écharpe, nous ordonnant de le suivre à la Préfecture de police, où un procès-verbal fut dressé. Après quoi, l'on fit chez moi une perquisition dans le but de découvrir trente affiches qui me restaient encore; mais j'avais eu la précaution de les mettre en lieu sûr, et on ne les trouva point. Alors on me dit que si je voulais remettre moi-même mes affiches, avec une note dans laquelle je déclarerais y renoncer, l'affaire tomberait d'elle-même; on ajouta ingénûment qu'un procès demandait *des explications, et qu'on n'aimait pas ça ;* qu'on ne tenait pas d'ailleurs à me faire condamner, mais seulement *à anéantir mes affiches.* Je répondis que pour moi j'aimais beaucoup *les explications* et que je n'avais point de transactions à faire avec la police. Alors on employa d'autres moyens pour *étouffer l'affaire.* On menaça l'afficheur de l'empêcher de travailler s'il ne réussissait à obtenir mes affiches. Ce malheureux arriva chez moi tout en pleurs. C'était sans doute le plus sûr moyen de me vaincre, mais je fus inébranlable. Il en vint jusqu'à me proposer de payer mes affiches. Je répondis que pour deux cent mille francs, c'est-à-dire pour rien au monde, on ne les aurait. L'afficheur porta ma réponse à la Préfecture de police, où il lui fut répliqué : *Eh! qu'il les garde, ses affiches, nous n'y tenons pas.* Pour montrer *qu'on n'y tenait pas,* on instruisit sur-le-champ mon procès, qui s'est terminé par une condamnation. Pour couronner l'œuvre, les libraires furent priés de ne plus étaler le *Discours de Marat,* de sorte qu'aujourd'hui, afficheurs et libraires sont intimidés au point que je serai probablement obligé de joindre à ma double profession de tailleur et d'éditeur, celles d'afficheur et de libraire.

res, pour qu'il les affichât en sa présence et à hauteur de vue, afin de frapper davantage les regards des passants (1).

Dans l'interrogatoire que lui a fait subir le magistrat instructeur, Feriaud a déclaré que, vers la fin d'octobre, Hilbey lui avait apporté cinquante exemplaires semblables; que, dans la crainte de se compromettre, il avait d'abord refusé de les afficher, mais qu'il avait fini par céder aux instances de Hilbey, qui lui avait assuré qu'il pouvait le faire sans danger, ayant eu la précaution de consulter à cet égard un homme de loi.

Hilbey est convenu de ces faits; mais il a prétendu que l'écrit imprimé ne s'occupait point de matières politiques, qu'il contenait seulement le sommaire des matières traitées dans la brochure qu'il annonçait, et que celle-ci devait être considérée comme simplement historique.

La Cour, après avoir délibéré;

Considérant, qu'il y a prévention suffisamment établie contre *Constant Hilbey* et Jean Feriaud,

D'avoir, en octobre et novembre 1846, placardé dans des rues, places et lieux publics, un grand nombre d'exemplaires d'un imprimé traitant d'objets politiques, délit prévu par les art. 1er et 5 de la loi du 10 décembre 1830 et de la loi du 26 mai 1819;

Vu l'art. 1er de la loi du 8 octobre 1830, renvoie lesdits *Hilbey* et Feriaud devant la cour d'assises de la Seine, pour y être jugés conformément à la loi.

LE PRÉSIDENT. Prévenus, vous n'avez pas de défenseurs?

CONSTANT HILBEY. Nous avons l'intention de nous défendre nous-mêmes.

LE PRÉSIDENT. Nous croyons que vous avez tort en cela. Prévenu Feriaud, c'est vous qui avez placardé les affiches composées par le sieur Hilbey?

FERIAUD. M. Hilbey m'a apporté cinquante de ces affiches; je ne voulais pas m'en charger.

---

(1) Pour ceci, je m'avoue coupable, et je promets à M. le procureur général de faire placarder une autre fois mes affiches, non dans ma chambre, quelqu'un pourrait les voir, mais dans mon grenier, *afin de ne pas frapper les regards des passants*; j'en aurai plus de ressemblance avec tant d'auteurs *illustres* qui ne travaillent que pour les rats.

Le président. Pour quelle raison ne vouliez-vous pas vous en charger?

Feriaud. Elles me paraissaient un peu odieuses et beaucoup trop fortes.

Le président. Comment trop fortes?...

Feriaud. Oui, trop fortes en politique; je ne voulais pas me faire une affaire, et ça ne m'a pas manqué.

Le président. Il ne fallait pas les apposer.

Feriaud. M. Hilbey me dit qu'il avait consulté un homme de loi, et que je ne courrais aucun danger.

Le président. Du moment que vous aviez des soupçons, ce n'était pas M. Hilbey qu'il fallait consulter, mais vos supérieurs (1).

Feriaud. M. Hilbey me fit remarquer que l'imprimeur avait signé les affiches. Il me promit de m'accompagner dans les rues; je croyais que lui seul serait responsable... et puis il avait consulté un homme de loi.

Le président. Je vous fais remarquer que la prévention dirigée contre vous ne porte pas sur le fond de l'affiche; dès lors la signature de l'imprimeur ne devait rien ajouter à votre sécurité, et vous ne deviez pas davantage compter sur la consultation du prétendu homme de loi dont Hilbey vous a parlé; il s'agit d'une contravention que vous avez commise en affichant un écrit ayant trait à des matières politiques.

---

(1) Je demanderai à M. le président quels sont les *supérieurs* d'un afficheur; seraient-ce messieurs de la rue de Jérusalem?

Feriaud. C'est donc ça que ça me paraissait si fort. (On rit.)

Le président. Encore une fois, il ne s'agit pas de la force de l'affiche, mais de sa nature et de son affichage.

Feriaud. Mais M. Hilbey était à côté de moi pendant que j'affichais.

Le président. Eh bien, cela faisait deux contraventions au lieu d'une, voilà tout. Combien avez-vous reçu?

Feriaud. J'ai reçu 4 francs pour cinquante exemplaires; c'est le prix ordinaire de cet ouvrage.

Le président. Sieur Constant Hilbey, vous reconnaissez que vous avez fait placarder les affiches dont il s'agit?

C. Hilbey. Oui, monsieur.

Le président. Quelle est au vrai votre profession?

C. Hilbey. Ouvrier tailleur.

Le président. Par quel hasard vous trouvez-vous éditant des livres (1)?

C. Hilbey. C'est un divertissement que je me donne. (On rit.)

Le président. Ce divertissement a cependant, comme vous le voyez, des inconvénients.

C. Hilbey. Pour moi, je ne lui en trouve aucun, et j'espère le prouver tout à l'heure.

---

(1) Si M. le président m'eût interrogé lorsque je fis représenter à l'Odéon ma comédie *Ursus*, il m'eût demandé : *Par quel* HASARD *vous trouvez-vous* auteur dramatique? j'aurais répondu : C'est par le hasard qui m'a envoyé 800 francs, somme qu'il faut payer pour faire représenter une pièce en un acte sur un théâtre royal subventionné par la Chambre, aux frais des contribuables.

LE PRÉSIDENT. On ne comprend pas bien dans quel intérêt un garçon tailleur s'est fait ainsi éditeur d'écrits politiques dont il annonce la publication par des affiches apposées sur les murs de nos rues.

C. HILBEY. Ordinairement les éditeurs éditent dans un but de spéculation ; j'ai agi dans un autre intérêt : j'ai voulu être utile.

L'AVOCAT GÉNÉRAL. Ainsi vous regardez comme particulièrement utile de publier les discours de Marat (1)?

C. HILBEY. Oui, monsieur.

LE PRÉSIDENT. Je crains que vous n'ayez eu tort de ne pas choisir un défenseur. Nous ne voulons pas entraver votre défense, mais ce sera à la condition que vous serez convenable et modéré. Je vous avertis que je vous arrêterai si vous vous écartez de la modération dans laquelle un défenseur se fût maintenu.

C. HILBEY. Je ne crois pas avoir jusqu'ici manqué à la cour (2).

LE PRÉSIDENT. Non ; mais je vous avertis dans votre intérêt même; il peut paraître étrange que vous regardiez comme particulièrement utile de publier les écrits de *Marat*. Asseyez-vous ; la parole est à M. l'avocat général.

M. BRESSON, AVOCAT GÉNÉRAL. Messieurs les jurés, il ne s'agit dans cette affaire que d'une simple contravention de

---

(1) Je regarde *comme particulièrement utile de publier les œuvres de* MARAT, parce que les ennemis du peuple regardent comme *particulièrement utile* d'en empêcher la publication ; ils doivent avoir pour cela une raison..... et la raison opposée est la mienne..... Que si l'on demande : Quels sont les ennemis du peuple ? je répondrai : « Ce sont ceux qui lui veulent du mal. »

(2) Je n'avais point encore parlé.

police; mais vous avez à assurer en même temps l'exécution d'une loi pleine de sagesse, d'une loi qui a eu tout à la fois un but d'ordre public et un but politique. Cette loi a été rendue le 10 décembre 1830. Elle a pour objet, d'abord de régler en principe le droit d'affichage. Elle autorise la publication des affiches destinées à servir les intérêts privés; ainsi elle a voulu que toutes les annonces qui peuvent concerner les arts, l'industrie, l'agriculture, fussent librement affichées, et elle permet à toute personne d'exercer la profession d'afficheur, restreinte dans cette seule limite : elle exige seulement que celui qui entend exercer cette profession le déclare, et fasse connaître son nom et son domicile.

A côté de ce principe elle en a posé un autre; elle a prohibé de la manière la plus absolue la publication par voie d'affichage d'écrits et d'imprimés relatifs à des nouvelles ou à des matières politiques.

Je crois que vous apercevez immédiatement, messieurs, le but, la pensée du législateur. Nous sommes sous l'empire des lois qui ont donné à la liberté de la presse tout son essor (1). C'est dans les publications ordinaires de la presse que se discutent les intérêts des choses politiques; la presse aussi, en général, s'adresse à l'intelligence (2), à la réflexion;

---

(1) Chaque fois que j'ai été condamné, mes juges ont vanté la *liberté de la presse!* Lorsque je fus condamné à quinze jours de prison pour avoir *diffamé* l'honorable M. Granier de Cassagnac, le président mit dans le jugement : *Dans l'état actuel de nos mœurs et de nos libertés publiques, notamment de la liberté de la presse!....*

Cette fois, l'avocat général parle *des lois qui ont donné à la liberté de la presse tout son essor*. Eh! messieurs, à quoi bon nous répéter si souvent que nous sommes libres; avez-vous donc peur qu'on ne s'en aperçoive pas?

(2) Il ne passe apparemment que des bêtes dans les rues; les gens d'esprit vont en voiture.

ce sont des écrits qu'elle soumet au jugement de tous, ce sont surtout les idées qu'elle veut faire prévaloir. Le législateur de 1830 a pensé avec raison que la liberté de la presse pouvait exister pleine et entière sans qu'on donnât encore le droit à quiconque voudrait se l'arroger d'afficher et de placarder dans les rues des journaux et des discussions politiques.

Vous comprenez, en effet, ce que peuvent exciter, au milieu de nos rues, des placards de la nature de celui qui vous est déféré. De pareils écrits ne s'adressent pas aux lecteurs réfléchis et de sang-froid (1), ils s'adressent aux passions (2). Les placards politiques, comme nous l'avons vu quelquefois au milieu de Paris, sont une cause d'attroupements et de désordres.

Ici il y a un fait matériel. Vous n'avez pas, en quelque sorte, à examiner les intentions; cependant, à quelle source ces publications ont-elles été puisées? dans *l'Ami du Peuple!!!* qui, à cette époque de 1789, se signalait par ses violences, et ce seul nom, messieurs, Marat (3)!!!

---

(1) L'*abbé Constant* a fait paraître une brochure intitulée : *La Voix de la Famine;* elle s'adressait *à des lecteurs réfléchis et de sang-froid :* cependant elle vient d'être saisie ; c'est que l'on craint peut-être qu'il n'y ait plus de *sang-froid* en France.

(2) Je ne savais pas que l'on fût plus passionné quand on marche dans les rues que lorsqu'on est assis ; dans tous les cas, si la marche peut donner la passion du bien, je connais des gens qui ne feraient pas mal de quitter leur siége et de courir toute la journée.

(3) Un homme intègre a existé au milieu d'une société corrompue ; il a dû être flétri ! S'il avait été dévoré de vices, vendu au pouvoir, il aurait eu la gloire de *Mirabeau!* Si c'eût été un despote, il se serait vu, comme *Napoléon,* adoré par une foule d'esclaves et encensé par des poëtes serviles ! Si c'eût été un homme faible, il aurait la réputation insignifiante, mais sans tache, de *Camille Desmoulins.* Mais cet homme éprouvait, comme il l'a dit lui-même, *les élans de l'amour de la liberté.* Il portait dans son âme incorruptible la haine du despotisme et de l'intrigue ; il était, seul, aussi fort que tout un monde ; il négligeait sa réputation pour mieux servir

On a reproduit des idées et rappelé des souvenirs d'une époque terrible qui peuvent avoir, encore aujourd'hui, les dangers les plus grands.

Après *l'Ami du Peuple* viendrait l'annonce de publications non moins dangereuses (1), entre autres celle du *Père Du-*

---

son pays; *il s'est fait anathème pour le peuple;* il s'appelle MARAT!!! oui, messieurs, MARAT!!! Et pourquoi s'appelle-t-il ainsi? Est-ce parce que le jour de la prise de la Bastille il fit échouer un complot formé par les ennemis du peuple, et qui avait pour but *d'égorger les Parisiens dans la nuit?* Est-ce parce qu'il osa démasquer Mirabeau lorsque personne ne le soupçonnait encore? Est-ce parce qu'il se montra constamment l'ennemi de *Lafayette*, qu'il appelait un *bas valet de la cour?* Est-ce parce que son journal *faisait sur les ennemis de la patrie l'effet de l'eau sur des enragés ou du Saint-Suaire sur des possédés du diable?* Est-ce parce qu'une femme qu'on pourrait opposer à Charlotte Corday (on n'a pas fait de celle-là une héroïne attendu qu'elle était du peuple), dit à son mari auquel on ordonnait d'arrêter Marat: SI TU ÉTAIS ASSEZ LACHE POUR ARRÊTER L'AMI DU PEUPLE, JE TE BRULERAIS LA CERVELLE? Est-ce parce que lui seul, dans la Révolution, a été investi de la confiance absolue du peuple? Est-ce parce qu'il ne pouvait paraître à la Convention sans soulever les murmures des députés et les applaudissements *des tribunes*, et que le président était obligé, à ses moindres paroles, d'interdire au public les marques *d'approbation ou d'improbation?* Est-ce parce qu'il fut rapporté en triomphe par le peuple au sein de la Convention qui l'avait décrété d'accusation? Est-ce parce qu'il a préféré aux *palais* et à l'or des puissants, les *souterrains*, les périls et la misère? Est-ce parce qu'*il était sobre et ennemi du luxe?* Est-ce parce qu'*il s'élevait contre les corrompus?* Est-ce parce qu'il était inexorable aux traîtres? Est-ce parce qu'il a ouvert sa porte à un assassin qui implorait son humanité et lui parlait au nom de la patrie? Est-ce parce qu'après sa mort on trouva chez lui pour toute richesse un assignat de *cinq livres?* Est-ce parce qu'il fut mis au Panthéon en vertu d'un décret qui disait: *La Convention nationale,* considérant qu'IL N'EST PAS DE GRAND HOMME SANS VERTU, décrète que le corps de *Mirabeau sera retiré du Panthéon français;* le même jour *que le corps de Mirabeau sera retiré du Panthéon, le corps de* MARAT *y sera transféré?* Est-ce parce qu'alors il fut décoré du nom de *Caton français?* Est-ce parce qu'aucun homme n'a jamais si rudement flagellé les fripons? Est-ce parce qu'il a donné de sa main de bronze l'élan aux générations...? Est-ce parce qu'il a voulu la liberté du monde? Ce doit être pour tout cela qu'il s'appelle MARAT!!!

(1) Quoi! la publication de *l'Ami du Peuple* DANGEREUSE! Mais ce journal n'a jamais été dangereux qu'aux traîtres et aux fripons. Écoutez ce que disait *Marat* dan son numéro du mercredi 23 septembre 1789 : LES BONS PATRIOTES CRAIGNENT QUE

chêne, puisée également sans doute à des sources historiques, mais n'en appartenant pas moins à la politique; on réveillerait ainsi de sanglants souvenirs, et l'on ferait un appel incessant aux passions.

On ne s'est pas même borné à annoncer la publication d'un prétendu (1) discours de Marat; on a encore donné un spécimen de ce discours même, et par une allusion que tout le monde pénètre, un voile que tout le monde soulève, les outrages les plus grossiers ont été adressés aux pouvoirs et aux autorités souveraines du pays!

Vous vous rappelerez, messieurs, qu'à l'époque où cette publication a eu lieu, quelques alarmes s'étaient répandues relativement à la cherté des grains, sur les approches d'une disette, et dans l'écrit on se plaint de voir la disette au sein de l'abondance, on s'indigne de voir des millions d'hommes se réduire à la mendicité pour conserver la fortune de leurs déprédateurs. Cet appel aux passions ne vous échappera certainement pas.

La culpabilité de l'auteur de l'affiche ne saurait être douteuse; ce sera à vous à apprécier si l'excuse de bonne foi que l'afficheur allègue peut être admise.

Le président. Feriaud, avez-vous quelques observations à présenter?

MA FEUILLE NE SOIT SUPPRIMÉE; CE SERAIT DONC PAR LES SUPPÔTS DU DESPOTISME; OR, JE LES DÉFIE D'OSER Y TOUCHER. ILS SAVENT COMBIEN PEU JE LES CRAINS, ET JE NE LES CROIS PAS ASSEZ IMBÉCILES POUR SE DÉCLARER AINSI ENNEMIS DU BIEN PUBLIC ET TRAITRES A LA PATRIE.

Ecoutez ce qu'il disait encore dans le même numéro : *Quelque sévère que soit ma plume*, ELLE NE SERA REDOUTABLE QU'AUX VICES, *et à l'égard même des scélérats, elle respectera la vérité.*

(1) Après avoir nié la vertu et le génie de Marat, voudrait-on nier son existence?

Feriaud. Je n'ai qu'un mot à dire. Je suis afficheur, mais je ne suis pas politique (1). (On rit.)

Le président. Hilbey, vous avez la parole. Je vous engage à vous défendre avec modération.

C. Hilbey. Messieurs, *Feriaud* doit être mis par vous hors de cause; le délit que j'ai pu commettre n'entraîne aucune espèce de complicité; cela est tellement vrai, que l'imprimeur n'a pas été traduit devant vous.

Le président. Ne vous mëprenez pas sur la prévention dirigée contre vous. Le fond de l'affiche n'est pas incriminé, c'est le fait seul de l'affichage; de sorte que si votre affiche avait été vendue en boutique, le ministère public ne l'aurait probablement pas fait saisir; dès lors l'imprimeur ne pouvait ni ne devait être compris dans les poursuites.

C. Hilbey. Alors, si la loi ne s'applique qu'à l'afficheur, comment se fait-il que je sois poursuivi?

Le président. Parce que c'est vous qui étiez l'afficheur en réalité.

C. Hilbey. Dans ce cas, je dois être seul responsable, et Feriaud, comme je le disais, doit être mis hors de cause.

(Le prévenu tire de sa poche une immense affiche rose qu'il étend à ses pieds, sur le parquet, puis il continue sa défense.)

Je soutiens, messieurs, que cette affiche ne traite point de matières politiques; elle indique seulement les matières

---

(1) Alors, monsieur Feriaud, vous n'êtes pas digne d'être afficheur; car la loi, qui vous interdit de placarder des affiches *traitant de matières politiques*, vous érige en *censeur politique*.

traitées dans la brochure qu'elle annonce, et cette brochure elle-même n'est pas politique, mais historique. La politique de 1789 est aujourd'hui de l'histoire, à moins qu'on ne fasse des écrits de ce temps une application aux choses actuelles. Ainsi, pour me prouver que mes affiches ont un caractère politique, il faudrait me prouver que j'ai fait allusion à notre époque. J'ai été confondu, je l'avoue, en voyant le ministère public s'efforcer d'établir que j'ai appliqué de pareilles choses aux hommes de nos jours, et que ce que disait Marat en 1789 peut être vrai aujourd'hui.

Voyons ce qui en est.

1° *Marat reproche au peuple son imprévoyance et son aveuglement.*

Marat reproche au peuple....... à quel peuple? A un peuple qui depuis longtemps n'existe plus! Et quel est ce Marat lui-même? un homme mort depuis cinquante ans!

2° *Il se plaint de voir la disette au sein de l'abondance.*

Il est vrai, messieurs, qu'en 1789 des spéculateurs accaparaient les grains pour s'enrichir aux dépens du pauvre, qu'ils pressuraient jusque dans ses substances alimentaires les plus indispensables; mais, de nos jours, rien de pareil! Nous avons, il est vrai, la disette, grâce à l'exécrable été que nous avons eu cette année; mais si nous avons la disette, nous n'avons pas l'abondance; si le peuple pâtit, ceux qui nous gouvernent pâtissent aussi. (On rit.) Ce ne sont pas eux qui auraient le courage de bien dîner pendant que le peuple meurt de faim. (Mouvement dans l'auditoire.)

3° *Il ne veut pas que les députés se fassent empâter par la cour*. (On rit.)

Il est encore vrai, messieurs, qu'à l'époque où vivait Marat des députés infâmes se vendaient au pouvoir pour asservir le peuple. Témoin Mirabeau. Mais aujourd'hui nous n'avons, Dieu merci, que des députés intègres et des ministres... qui ne sont pas déprédateurs du tout. (Rire général.)

Le président. Je suis forcé de vous arrêter. Il me semble que dans vos paroles il y a une intention manifestement ironique, et la volonté de faire entendre par ces oppositions, par ces antithèses, toute autre chose que ce que vous dites.

C. Hilbey. Monsieur le président, je parle sérieusement.

Le président. J'ai cru apercevoir vos allusions, et je crois bien ne m'être pas trompé....

C. Hilbey. Pardon; si j'étais devant un tribunal qui eût l'habitude d'opprimer la défense des accusés, je serais obligé d'employer l'ironie; mais ici, où j'ai toute la latitude et toute la liberté désirables, je parle avec franchise. (On rit.) Je continue....

4° Il prédit une longue suite de guerres civiles.

Il n'y a pas ici d'application possible, le *Journal des Débats* nous assure que nous sommes en pleine sécurité. (Rire général.)

Le président. Vous voyez bien que vous revenez toujours à vos ironiques allusions. Je regrette, je le répète, que vous n'ayez pas fait choix d'un défenseur; non que le talent de la parole vous manque, mais parce que votre défense est fort imprudente, je vous en avertis.

C. Hilbey. Alors il ne m'est donc pas permis de répondre à M. l'avocat général, de le suivre sur le terrain où il s'est placé, de combattre les applications qu'il a faites. Il a parlé d'une allusion que tout le monde pénètre, d'un voile que tout le monde soulève; il doit m'être permis de prouver que ce voile et cette allusion n'existent pas.

LE PRÉSIDENT. Oui, vous pouvez le faire, mais il faut que ce soit avec convenance, avec modération (1). Je vous engage à placer votre défense sur un autre terrain.

C. HILBEY. Soit. Je continue donc. Le sommaire porte : *Il s'élève contre les sophistes et les corrompus.* Messieurs, les sophistes et les corrompus ne sont pas nécessairement des objets politiques; ce sont des objets odieux, voilà tout. Et d'ailleurs, quoi de plus beau, si vous voulez considérer le côté moral de la chose, que de s'élever contre les sophistes et les corrompus! Est-il quelqu'un sous le ciel qui ose prendre la défense des corrompus? (Silence général.)

Il veut purger le Sénat national.

Ceci serait un objet politique s'il s'agissait du Sénat actuel; mais on sait que la Chambre n'a pas besoin d'être purgée. (On rit.)

Il se plaint de ce qu'on soudoie aux frais du peuple des académiciens ignares, des ministres ineptes et des espions.

Eh bien, messieurs, je suis encore obligé de le dire, nous n'avons pas d'académiciens ignares; tous ceux de notre temps sont des hommes de génie. (Rire général.)

---

(1) Quoi! vanter l'intégrité de nos ministres et de nos députés, c'est manquer de *modération!* Jamais pareilles choses ne se sont vues!... Je ne pensais pas qu'il était sur la terre des hommes pour qui des éloges étaient des injures! et moins encore que de pareils hommes nous gouvernaient... je n'en crois même rien malgré ce que j'entendis... et je dénonce à M. le juge d'instruction M. l'avocat général et M. le président qui ont fait des applications... et le public qui a ri, comme coupables d'offenses envers *les autorités souveraines du pays.*

Le président. Nous recommandons aux personnes qui sont dans l'auditoire de garder le plus grand silence. Cette audience n'est publique qu'à la condition que les personnes qui y assistent s'abstiennent de donner des marques d'approbation ou d'improbation. Si des manifestations quelconques continuent, nous ferons évacuer la salle. (Le silence se rétablit.) Quant à vous, sieur Hilbey, nous vous le répétons, on ne vous reproche qu'une contravention; il s'agit uniquement de savoir si vous avez traité de matières politiques; peu importe qu'il s'agisse de la politique actuelle ou d'une politique antérieure.

C. Hilbey. Et moi je répète que la politique d'autrefois n'est que de l'histoire pour nous, à moins d'application aux choses actuelles, et je dis que, dans le cas présent, il n'y a pas d'application possible.

Le président. C'est, nous le croyons, une erreur d'appréciation de votre part.

C. Hilbey. Je n'ai plus rien à dire. Je n'avais qu'un point à examiner; il m'est interdit. Un mot seulement. Je proteste contre l'exemple qu'on a cité; je méprise profondément le *Père Duchêne*, dont le langage obscène et contraire aux mœurs ne ressemble nullement au langage de Marat (1).

Au reste, je ne veux pas défendre ici Marat. Bien loin de me croire coupable par ces publications, je crois, avoir

(1) *Hébert*, rédacteur du *Père Duchêne*, était un homme vil et sans talent; on ne peut le comparer à Marat que dans la vue de déshonorer ce dernier et la cause du peuple qu'il a constamment et victorieusement défendue: aussi, lorsque vous voudrez défendre la Révolution française, parlez de *Marat*, on vous répondra, *Père Duchêne*.

bien mérité de la patrie! Vous m'apprendrez, messieurs, si je me suis trompé (1).

Les jurés se retirent dans la chambre de leurs délibérations. Aussitôt un cercle se forme autour de Hilbey; son affiche et un exemplaire du *Discours de Marat,* qu'il tenait, lui sont enlevés. Les marques de la sympathie la plus vive lui sont prodiguées par tous les assistants.

Au bout de dix minutes, les jurés rentrent en séance; leur verdict est affirmatif seulement à l'égard de Constant Hilbey; Feriaud, afficheur, est acquitté.

Le président demande au prévenu : Sieur Hilbey, avez-vous des observations à présenter sur l'application de la peine?

C. Hilbey. Non, monsieur.

La Cour condamne Hilbey à quinze jours de prison et 100 francs d'amende, et ordonne en outre la destruction de toutes les affiches saisies.

---

(1) Il paraît que je me suis trompé.

EXTRAIT

DE

L'AMI DU PEUPLE

DU 17 JANVIER 1790.

S'il est vrai que la liberté de la presse ne soit pas illusoire, de quel droit serais-je recherché pour des opinions particulières? Elles résultent de ma manière de voir; je les crois utiles au triomphe de la liberté et nécessaires au salut de la patrie; ma conscience me presse de les publier au péril même de ma vie. Vous les croyez fausses, réfutez-les; vous les croyez dangereuses, combattez-les; vous n'avez que le langage de la raison pour faire prévaloir la vérité, et les coups d'autorité, les violences, arme ordinaire des tyrans, ne sont propres qu'à faire voir combien ils redoutent l'éclat importun de la vérité.

Que dira la nation lorsqu'elle vous verra abuser de la sorte du pouvoir qui vous a été confié, et recourir à ces voies d'oppression pour couvrir vos torts, voiler vos manœuvres et vous soustraire à la vindicte publique? Lâches et insensés administrateurs qui comblez sans remords la mesure des outrages, ignorez-vous que la patience du peuple n'a qu'un terme, et que le jour des vengeances n'est pas loin d'arriver?

MARAT.

LES COMMANDEMENTS DE LA PATRIE.

Avec ardeur tu défendras
Ta liberté dès à présent.

Le mot noble tu rayeras
De tes cahiers dorénavant.

Du clergé tu supprimeras
La moitié nécessairement.

De tous moines tu purgeras
La France irrévocablement,

Et de leurs mains tu reprendras
Les biens volés anciennement.

Aux gens de loi tu couperas
Les ongles radicalement.

Aux financiers tu donneras
Congé définitivement.

De tes impôts tu connaîtras
La cause et l'emploi clairement,

Et jamais tu n'en donneras
Pour engraisser un fainéant.

De bonnes lois tu formeras,
Mais simples, sans déguisement.

Ton estime tu garderas
Pour les vertus et non l'argent.

Et sans grâces tu puniras
Tous pervers indistinctement.

Ainsi faisant tu détruiras
Tous les abus absolument,

Et d'esclave tu deviendras
Heureux et libre assurément!

L'Ami du peuple, 12 septembre 1789.

www.ingramcontent.com/pod-product-compliance
Ingram Content Group UK Ltd.
Pitfield, Milton Keynes, MK11 3LW, UK
UKHW021201230726
13926UKWH00001B/233

9 782014 061963